M. GAMBETTA

ET LE

SUFFRAGE UNIVERSEL

PAR

.ALBERT PERRIN

PARIS

E. DENTU, LIBRAIRE-ÉDITEUR

PALAIS-ROYAL, 17 ET 19 (GALERIE D'ORLÉANS)

1872

M. GAMBETTA

ET

LE SUFFRAGE UNIVERSEL

Quelques personnes, parmi lesquelles je ne figure pas, semblent surprises de la furieuse énergie avec laquelle le jeune et brillant chef de la défaite à outrance se cramponne à l'espoir de tenir une fois encore la France dans ses mains.

A mon sens, le véritable phénomène serait de voir M. Gambetta, un peu confus, abdiquer, essayer d'éclairer ses courtisans, de calmer ses flatteurs, et rentrer honnêtement dans la foule, en s'avouant que si la Providence ne l'a pas mis au monde pour administrer l'épicerie paternelle, elle ne l'a pas non plus créé pour sauver la patrie, ni pour présider aux destinées d'une grande nation.

Malheureusement pour nous, peut-être aussi pour M. Gambetta, une telle sagesse, un semblable désintéressement, ne sont pas de ce temps, ni même de ce pays.

Il n'y a donc rien que de très-naturel dans l'attitude de M. Gambetta, regrettant ses grandeurs passées et entreprenant, sans grandes espérances, de les reconquérir.

Pourquoi ne réussirait-il pas?

Arrivé d'un seul bond dans la sphère éblouissante du pouvoir absolu, et arrivé sans services, sans notoriété, sans ex-

périence, tout simplement porté sur un flot de métaphores
harmonieuses, débitées chaleureusement, devant la police
correctionnelle, au profit du citoyen Delescluze, M. Gambetta
peut et doit supposer que ses chances sont au moins aujour-
d'hui ce qu'elles étaient autrefois, sous l'Empire, lorsque le
Réveil, reconnaissant, venait à peine de l'arracher à son obs-
curité. Il le suppose certainement, et j'ajoute que sa persévé-
rance ne condamne nullement sa logique. On peut très-légi-
timement regretter l'ivresse de la suprême autorité, la satisfaction, que M. Gambetta a connue, de créer des armées,
des flottes, des généraux, des préfets, et aussi d'emprunter
des milliards, quelques semaines après une époque où c'était
une grave affaire que d'emprunter dix louis.

Orélie-Léon de la République, M. Gambetta, non moins
intrépide que son confrère de Tonneins, réclame une deuxième
représentation de la féerie dont il s'est trouvé le héros, pro-
mettant que cette fois elle tournera aussi bien qu'elle a mal
tourné à son premier début. C'est là une expérience que
je ne ferai qu'à mon corps défendant, mais je suis bien forcé
de convenir que je trouve très-compréhensibles les efforts
désespérés tentés par M. Gambetta et sa troupe.

Au surplus, que risque-t-il ? S'il réussit, ce sera splendide ;
et s'il succombe qu'aura-t-il compromis, exposé, perdu ? Sa
réputation d'homme grave est hors de tout péril. Quant au
patrimoine de ses ancêtres.... Je les connais ses ancêtres, je
vois même d'ici leur appétissante boutique, si largement
pourvue de savon, de chandelles, de figues, de harengs, de
morues sèches suspendues aux volets, doucement balancées
par la brise ; de pyramides d'assiettes, de plats à barbe, de
vases nocturnes, artistement groupés devant la boutique de
Gambetta aîné, et distribués aux cuisinières de Cahors par des
gambettinas à l'œil noir, accortes et alertes.

A ce propos, je dois dire qu'il entre d'autant moins dans

mon esprit de reprocher son origine à M. Gambetta, que je ne suis moi-même pas plus grand seigneur que lui.

J'estime qu'on peut honorablement grandir, s'élever par le travail, les vertus, les services éminents ; mais je crois fermement aussi qu'une nation serait irrémédiablement perdue, si, lorsque le mérite transcendant, les services exceptionnels, la supériorité indiscutable ne font pas moins défaut que la naissance, on pouvait s'élancer brusquement, dans des circonstances normales, du dernier au premier rang, d'une arrière-boutique à la tête d'un pays qui s'appelle la France.

A mes yeux, le vrai péril est là, et je l'estime grave.

La France aura vécu le jour où de si subites, de si prodigieuses ascensions deviendront chose ordinaire ; de même que l'armée s'en ira en lambeaux si nous voyons jamais les tambours, sans autres mérites, qu'une certaine supériorité dans l'art d'exécuter des *ra* irréprochables, des *fla* éblouissants, déserter le tambourinage, jeter au feu leurs baguettes, pour s'emparer, avec le concours de soldats mutinés, du bâton de maréchal.

Oui, je le répète, nous toucherons au commencement de la fin lorsque tous les trompettes de tous les barreaux, de tous les estaminets, pourront sérieusement aspirer à passer sans transition du dernier au premier rang, à quitter le bock, le boui-boui, la dame de comptoir, l'as d'atout, la pipe culottée, pour devenir Président, Ambassadeur, Ministre.

— Ah ! c'est qu'ils sont nombreux, dans notre belle patrie, les Thraséas de carton, les Démosthènes de Framboisy, aux larynx vigoureux, aux solides appétits, aux favoris rutilants, aux crinières puissantes, tous, ne doutant de rien, et prêts à se précipiter, au premier signal, sur la terre promise des fonctions jamais trop rétribuées, lorsqu'ils les détiennent. Il y a là toute une fourmilière, brûlant d'impatience, attendant, préparant la victoire du prophète, qui, leur devant tout, aurait peu de chose à leur refuser.

M. Gambetta, Président de la République, malgré sa jeunesse, l'étrange nature de ses services, la médiocrité de ses talents politiques, où faudrait-il chercher un stagiaire assez modeste, assez sot, assez dépourvu de nerfs, pour s'estimer au-dessous d'un Ministère, d'une Ambassade, d'une Recette générale, d'une Présidence de chambre, d'une Intendance de fédérés, d'une Préfecture? Nulle part, assurément. Je confesse d'ailleurs que le triomphe du Chef justifierait amplement les prétentions des disciples, tous convaincus que la sainte République va transformer leurs paletots râpés en habits brodés, leur bleu démocratique en vieux vins blasonnés, leurs compagnes frippées en préfètes élégantes, leurs mansardes en hôtels confortables, luxueux. Lorsqu'ils en sont là, il est vrai, ces citoyens se transforment presque tous en bons bourgeois, pleins d'aversion pour les émeutes, de respect pour les lois, qu'ils s'efforcent de défendre. Et les patriotes mécontents, les camarades non pourvus, maladroits, restés Gros-Jean au bas de l'échelle, sont traités comme de simples rebelles, s'ils ne s'empressent de rengaîner leurs sabres rouillés, leurs discours séditieux, leur *Marseillaise* poussive. Leurs efforts n'empêchent malheureusement pas de nouveaux libérateurs de surgir, de prouver au peuple qu'il a été trahi, qu'il doit faire justice, punir les parjures, pour élever de nouvelles idoles, fatalement destinées à de nouveaux châtiments. Nous tournons dans un cercle vicieux, absolument sans issue. Jamais on ne parviendra à caser convenablement tous les frères et amis, et toujours ceux restés sur le pavé, battront en brèche le fragile pouvoir des heureux, des parvenus, qui succomberont les uns après les autres.

Est-ce que Lafayette ne fut pas le favori du peuple, qui

l'eût, un peu plus tard, lorsque les énergumènes de 93 voulurent entrer en scène, conduit en chantant à l'échafaud ? Le 15 mai ne voulut-il pas jeter à l'eau le 24 février ? Et aujourd'hui, le 18 mars ne met-il pas au rang des plus infâmes réactionnaires, des plus vils tyrans, des traîtres les plus sinistres, les cinq glorieux, les Favre, les Picard, les Darimon, les Ollivier, les Simon, en l'honneur desquels il a pris plus de canons — pas aux Prussiens, par exemple, — qu'il y a d'étoiles au firmament ?

Si nous ne sortons pas de la révolution, il faut nous résigner : plus ça recommencera, plus ça sera la même chose, ainsi que l'a déjà constaté le spirituel frère d'Arthur. Triste perspective, en vérité ! Comme il ne faut jurer de rien avec le suffrage universel, peut-être verrons-nous M. Gambetta Président de la République française. Je déclare que ce jour-là, si le pays souffre, M. Gambetta ne sera pas non plus à son aise. Il ne pourra guère, à l'exemple de M. Thiers, s'appuyer simultanément sur la république et la monarchie, calmant toutes les impatiences par son âge, n'épouvantant aucun des partis en présence, grâce à ses antécédents, à son éclectisme, qui admettent toutes les solutions.

Lui, M. Gambetta, ne saurait prétendre à de semblables immunités. Il devrait arborer le drapeau de ses électeurs ou se réfugier sans tergiverser sous l'humiliante protection des chassepots réguliers. Ce serait, dans les deux hypothèses, accepter une situation singulièrement périlleuse. Quel abaissement, quels déboires pour M. Gambetta, si, arrivé par les radicaux, il ne pouvait se soutenir que par les conservateurs, en répudiant ses amis, ses serments, ses engagements solennels, cent fois réitérés ! Et d'un autre côté, s'il demeurait fidèle au parti, ne serait-il pas condamné à tomber rapidement dans les fureurs, les folies du radicalisme déchaîné ! Son premier décret n'aurait-il pas pour objet, non plus d'amnistier, mais de glorifier, d'appeler à lui, au sommet de l'édifice gouvernemental, tous les martyrs de la grande cause ? Je suppose qu'il est inutile d'insister pour démontrer que le radicalisme victorieux ne maintiendrait pas sous les verrous ses chefs les plus vaillants, les plus résolus, ceux qui ont le plus souffert pour la vraie République. Ils reviendraient donc tous les Amouroux, les Assy, les Urbain, les Trinquet, les Jourde, les Grousset, vomis sur la France par les pontons, les bagnes, la Nouvelle-Calédonie. Ils reviendraient, tous préfets, généraux, magistrats de notre quatrième République, prêts à achever ce qu'ils ont si bien commencé le 18 mars, entraînant cette fois dans le désastre final M. Gambetta, la forme républicaine, et peut-être la nationalité française. Je ne me propose pas d'agiter le spectre rouge, je veux seulement constater un fait qui me semble indiscutable, en affirmant que M. Gambetta, de même que tout autre président nommé par les radicaux, devrait, le jour même où il serait proclamé, ouvrir toutes les prisons, rappeler et récompenser par des emplois dignes de leurs services antérieurs, tous les condamnés des conseils de guerre, qui n'apporteraient parmi nous, on peut le croire, ni l'ordre, ni le travail, ni la liberté. Ces considérations, essentiellement élémentaires, ont dû, sans aucun doute, se présenter à la pensée de M. Gambetta, qui aime le pouvoir, mais n'a nul goût, on doit le dire à sa louange, pour les situations extrêmes, les périls, le crime. On dit même déjà qu'il se ravise, ajournant ses prétentions, trouvant plus sage de vivre au second rang dans un pays prospère, que de se faire dévorer à la tête d'une nation livrée au cannibalisme, très-proche parent du radicalisme.

Quoi qu'il en soit, l'avenir parait sombre, plus sombre encore que le présent, d'une digestion pourtant si difficile.

Un homme de 76 ans guide avec habileté le radeau natio-
nal, mais si cet homme disparaissait ce soir, que devien-
drions-nous demain? Le suffrage universel, dit-on, pronon-
cerait !

Oui, il serait consulté, comme il l'a été le 8 février, et s'il
répondait dans le même sens, ce serait encore la bataille ;
car il est maintenant suffisamment prouvé que « le peuple »
respecte les arrêts du suffrage universel exactement comme il
respectait jadis les arrêts du suffrage le plus restreint. Si ces
arrêts sont conformes à ses vues, il s'incline, mais s'ils lui dé-
plaisent, il s'arme, prêt à jeter à l'eau les élus de la nation,
pour leur substituer les élus de la vraie République. Quel
éloquent et triste démenti donné aux inventeurs du suffrage
universel, déclarant tous, avec tant de chaleur, à l'origine,
que « le peuple » renoncerait au fusil dès qu'il serait armé
du bulletin de vote! Jamais, en aucun temps, combats plus
sanglants ne furent livrés dans les rues que depuis que nous
possédons l'instrument rédempteur qui devait inaugurer
l'ère de la concorde ; jamais les esprits ne furent plus agités,
les convoitises plus ouvertes que depuis le jour où la mala-
die politique fut inoculée par le suffrage universel à des
hommes qui se trouveraient bien mieux de travailler, exer-
çant des métiers qu'ils connaissent, — que de politiquer, —
s'égarant au milieu de questions complexes qu'ils ignorent.

Dans tous les cas, le suffrage universel, si capricieux, si
mobile, est le maître, ce qui n'est guère plus rassurant pour
les conservateurs que pour les radicaux. Si réellement l'a-
venir devait appartenir aux plus sages, les radicaux seraient
perdus, mais s'il doit récompenser les efforts des plus actifs,
il faut reconnaître que toutes les chances sont pour eux.
Qu'ils gagnent sur l'esprit des paysans, comme ils ont gagné
sur l'esprit des ouvriers, et nous tâterons tous du gouvernement qui convient si fort aux citoyens de Belleville, et dé-

plaît si vivement aux esclaves Anglais, Allemands, Belges, Italiens, Portugais, Suédois, malheureusement tous plus libres, plus civilisés, plus heureux et beaucoup moins chargés d'impôts que nous. Le paysan, l'ouvrier, étroitement enchaînés par l'ignorance, ne peuvent guère comparer, mais ils peuvent très-bien, puisqu'ils ont le nombre, jeter la France sur la paille d'une quatrième et dernière République. Rien ne prouve qu'ils le feront, rien ne prouve davantage qu'ils ne le feront pas. La seule chose certaine et passablement bizarre, c'est qu'ils sont les maîtres, et que nous pourrons voir se reproduire dans le pays le fait édifiant duquel je fus le témoin, en 1848, dans l'intérieur d'un régiment :

Il y avait là un effectif de 1800 hommes, soit, 1720 soldats et 80 officiers. Des conscrits, presque tous sans culture, des caporaux, des sergents généralement plus ferrés sur l'école du soldat que sur les matières enseignées à l'école normale, composaient la partie imposante de ce qu'on appelle la troupe. On peut, sans les calomnier, dire qu'ils brillaient plus par les qualités du cœur que par les richesses de l'esprit. Au-dessus d'eux, marchaient 80 officiers, leurs supérieurs par l'âge, l'étude, le travail, plus encore peut-être que par l'épaulette. Le colonel, notamment, soldat d'Austerlitz. gentilhomme de nom et d'âme, était distingué, spirituel, extrêmement instruit. Nombreux aussi étaient les officiers supérieurs remarquables, les capitaines éclairés, les lieutenants studieux, dignes de leur grade, portant noblement leur épée. Tous ils avaient médité, étudié, et se trouvaient en état de raisonner leurs décisions.

Qu'advint-il cependant, le jour du vote ? Les 1720 recrues, dont le bagage littéraire se composait de quelques refrains légers, gaulois, belliqueux, battirent à plate couture, mirent en complète déroute, les 80 officiers laborieux, lettrés, respectables, marchant à leur tête.

Ce ne fut pas une simple défaite, ce fut un écrasement absolu, ridicule, grotesque, une abominable insulte à la logique, au bon sens le plus élémentaire.

Dans tous les cas, ce fut pour moi comme un trait de lumière : je compris très-bien le suffrage universel, et m'enrégimentai, séance tenante, dans la grande armée des partisans de l'abstention, convaincu que, dans l'élément civil, de même que dans l'élément militaire, la proportion ne doit pas beaucoup varier : 80 contre 1720.

Les soldats, je le reconnais, votèrent comme ils devaient le faire, car en quoi consisterait la supériorité des hommes instruits, si ceux qui ne savent rien avaient la sagesse, prenaient les résolutions de ceux qui savent beaucoup !

Dans une nation comme dans un régiment, un collége, un atelier, un groupe quelconque, il y a une élite, une tête, un état-major, créés pour éclairer, conduire, guider la masse des hommes ordinaires. La nature le veut ainsi, mais le suffrage universel l'exige autrement, et ce sont les aveugles qui conduisent les hommes clairvoyants. C'est superbe en théorie, comme la plupart des théories républicaines, toutes si séduisantes et surtout si décevantes. Les hommes sont égaux, dit le principe, et lorsqu'il s'agira de choisir entre la république et la monarchie, c'est-à-dire de résoudre le plus profond, le plus complexe, le plus formidable des problèmes, Dumanet et Latulipe l'emporteront sur le général Foy ; un chiffonnier et un décrotteur battront Montesquieu en personne. Pour moi, je trouve cela révoltant, et c'est pour ce motif que je vis à distance du scrutin. Je voudrais qu'on découvrît un mode de suffrage moins absurde, plus conforme à la raison, au simple bon sens. Et je crois que ce ne serait pas difficile. Il m'est pénible de subir dans le pays ce qu'on verrait à bord d'un navire, si les matelots, qui ne savent pas grand'chose, s'avisaient de vouloir commander, parce qu'ils sont les plus nombreux.

Je ne verrais pas là le salut, j'y trouverais la perdition certaine, inévitable, en dépit de toutes les théories, dont la valeur est bien mince lorsque les faits les démentent.

Telle était sous l'Empire ma manière d'envisager les avantages et les inconvénients du suffrage universel.

Plus tard, en 1870, une expérience nouvelle ne m'a pas amené à trouver excellent ce qui m'avait d'abord semblé détestable. J'ai essayé de faire ma partie dans cet étrange concert, mais j'aime à croire qu'on ne m'y reprendra plus. Adoptant les noms désignés par les dix-huit journaux de l'ordre, sans connaître un seul de ces noms, je fis deux ou trois courses, à la mairie, à la section, pour remplir un rôle de simple machine, ce qui n'a rien de si flatteur. J'ai l'orgueil de supposer que les choses ne se passent pas différemment dans le camp radical. Les meneurs arrangent entre eux leurs petites affaires, et le gros public sanctionne fièrement, librement, *ce qu'ils ont arrêté*. En réalité, c'est là un rôle de caniche savant, joué sérieusement par des citoyens naïfs. Je ne dirais pas cela d'un mode de suffrage à plusieurs degrés, qui ferait agir chacun dans sa sphère, dans les limites de ses connaissances, d'une manière conforme à la raison, et non plus sur les indications impératives d'un club de la rue Grolée ou de quelques journalistes, tous d'accord pour exploiter la bêtise humaine. Ce serait autre chose que de donner sa voix à un citoyen qu'on n'a jamais vu, qu'on ne verra jamais, sans autre raison déterminante que la recommandation d'un groupe d'agitateurs, de compères. J'ose dire que la sottise est là et qu'elle est réellement colossale. Ma conviction est ici d'autant plus profonde, que ma conscience est moins tranquille, puisque je me suis laissé prendre deux ou trois fois au traquenard du suffrage universel, depuis que nous

jouissons de la république, si toutefois l'on peut parler de
jouir quand il s'agit de république. J'ai voté, et Dieu sait si
je le regrette, pour des hommes qui me représentent bien mal
puisqu'ils sont favorables à un essai loyal du gouvernement
fatal cher à Floquet, à Courbet et à Cournet, lorsque je suis
d'avis, moi, qu'un pays atteint de république n'a pas plus
besoin d'essai qu'un homme atteint du choléra, de la va-
riole, de la bronchite, de la fièvre typhoïde. J'ai aussi voté
pour M. Thiers, me permettant de faire en sa faveur une
propagande d'autant plus active que je le voyais plus re-
douté, plus déchiré par les chefs de la république des républicains.

Je n'ai pas hésité entre lui, qui a combattu la république
toute sa vie, et le citoyen Delescluze, qui était une des co-
lonnes, peut-être la plus solide, de cette institution. En don-
nant la préférence à M. Thiers, nous espérions que l'essai ne
serait pas trop long ; nous l'espérons encore. Plus les ou-
trages des patriotes ardents pleuvaient sur l'historien na-
tional, plus il devenait notre homme, et plus nous nous
donnions la satisfaction de le venger, en l'acclamant d'un
bout de la France à l'autre. Il faut avouer aussi que les ou-
trages dépassaient toute mesure [1].

Aujourd'hui M. Thiers aurait encore pour lui les hommes
éclairés, si une nouvelle élection avait lieu, mais on ne saurait garantir que ces hommes seraient encore suivis par les

---

1. « M. Thiers, cet affreux petit bonhomme, qui depuis cinq mois a
voulu, poursuivi, atteint la paix à tout prix, parce qu'il savait que le
jour où la honte de la France se signerait serait le jour de son avénement
au pouvoir !

« M. Thiers ! ah ! qui pourra jamais dire le mal que ce misérable vieil-
lard a fait à la France !

« Dès la déclaration de guerre, cet homme s'est dit : « C'est moi qui
ferai la paix. »

« De ce jour, il a cheminé vers son but avec une persistance inouïe,
une âpreté sans égale, l'âpreté de l'usurier qui suit son paroli. PASCHAL
GROUSSET. » (*Bouche de fer*, 8 mars 1871.)

masses qui marchaient avec eux. Les désertions pourraient être nombreuses et les résultats différents, sans pour cela cependant que l'avenir de la république devînt meilleur, ni son existence plus assurée. Elle trouverait encore sur son chemin, lui faisant obstacle, la grande propriété, les grands industriels, l'Armée, la Magistrature, l'Église, les fonctionnaires de toutes les catégories, les notaires, les avoués, les boutiquiers qui ne sont pas au-dessous de leur affaires, et aussi les ouvriers et les paysans, plus nombreux qu'on ne le suppose, qui vont prendre des conseils et des exemples ailleurs que chez les coreligionnaires du citoyen Mottu.

Mon Dieu, je ne veux pas le nier, on trouve dans les rangs des radicaux, des soldats, des prêtres et des propriétaires, pleins de haine pour les princes et d'amour pour le 4 septembre, d'indulgence pour le 18 mars. Seulement quel est leur nombre? Sont-ils vingt, sont-ils cent, sont-ils mille, manquant à la masse conservatrice française comme une poignée de déserteurs peut manquer à une armée de cinq cent mille hommes? De quel secours peut être pour le groupe radical l'adjonction de quelques prêtres apostats, et de quelques riches propriétaires, presque tous intellectuellement placés beaucoup plus près de M. Gagne que de Thémistocle?

Moralement et matériellement, ce secours est des plus minces, d'autant mieux qu'aux premières démonstrations vraiment patriotiques de leurs rudes amis, ces bourgeois égarés, loin de s'interposer entre les bourreaux et les victimes, n'ont plus assez de jambes pour aller respirer l'air pur des Espagnes, le parfum des roses de Florence, la mousse du faro de Bruxelles? Quels sont en effet ceux de ces républicains propriétaires qui, pendant notre dernière république — 18 mars au 25 mai, — ont essayé de faire tête à leurs anciens obligés? tous cachés, tous réfugiés à Versailles, installés au delà des frontières. « Nous nous sommes trompés, avouentils piteusement, nous pensions qu'ils étaient autres. » Beaucoup, parmi ces bourgeois dévoyés, se rendent plus encore par lassitude que par conviction, représentant assez exactement un citoyen, maltraité par l'amour, bien traité par Ricord, frappé une cinquième fois, et se résignant néanmoins à rester meurtri, pour éviter les inconvénients d'un nouveau traitement, et se garantir d'une nouvelle chute. Très-grand aussi est le nombre des prudents, qui hurlent volontiers avec les loups, espérant obtenir leurs bonnes grâces, éviter leurs morsures, en attendant l'heure désirée où, plus implacables que les adversaires constants, ils pourront s'accrocher à leur cuir, se disputer leur poil.

Il n'en faut pas moins reconnaître que, malgré leur isolement, les sectaires en chef ne réussissent que trop bien et trop souvent à soulever des masses considérables qui arrangent leurs affaires personnelles, en bouleversant le pays, à peu près comme un citoyen ému arrangerait son mobilier en le jetant par la croisée. Presque toujours deux ou trois chefs déterminés suffisent pour ameuter deux ou trois cents flâneurs, bientôt suivis de deux ou trois mille autres, tous animés du désir de sauver la patrie, mais la compromettant constamment, moins heureux que les oies du Capitole, lesquelles, plus spirituelles que nos aigles démocratiques, sauvèrent réellement la ville éternelle. La cause est toujours misérable, l'effet seul est terrible. Rien de mobile malheureusement comme l'esprit de ces grands enfants dont l'ensemble s'appelle le peuple, si facile à exciter, notamment lorsqu'on veut lui faire commettre une sottise, le pousser à faire du bruit.

Berlioz, dans ses Mémoires, donne une idée exacte de ce que peut faire un seul entraîneur résolu :

« On avait annoncé sur l'affiche de l'Opéra que le solo de

violon du ballet de *Nina* serait exécuté par Baillot ; une indisposition du virtuose ou quelque autre raison, s'étant opposée à ce qu'il pût se faire entendre, l'administration crut suffisant d'en instruire le public par une imperceptible bande de papier collée sur l'affiche de la porte de l'Opéra, que personne ne regarde. L'immense majorité des spectateurs s'attendait donc à entendre le célèbre violon.

« Pourtant au moment où *Nina*, dans les bras de son père et de son amant revient à la raison, la pantomime si touchante de Mlle Bigottini ne put nous émouvoir au point de nous faire oublier Baillot. La pièce touchait à sa fin. « Eh bien ! eh bien ! et le solo de violon, dis-je assez haut pour être entendu ? — C'est vrai, reprit un homme du public, il semble qu'on veuille le passer. — Baillot ! Baillot ! le solo de violon ! » En ce moment le parterre prend feu, et, ce qui ne *s'était jamais vu à l'Opéra*[1], la salle entière réclame à grands cris l'accomplissement des promesses de l'affiche. La toile tombe au milieu de ce brouhaha. Le bruit redouble. Les musiciens voyant la fureur du parterre, s'empressent de quitter la place. De rage alors chacun saute dans l'orchestre, on lance à droite et à gauche les chaises des concertants ; on renverse les pupitres ; on crève la peau des timballes ; j'avais beau crier : « Messieurs, messieurs, que faites-vous ? briser des instruments ! Quelle barbarie ! Vous ne voyez donc pas que c'est la contre-basse du père Chénié, un instrument qui a un son d'enfer ? » On ne m'écoutait plus, et les mutins[2] ne se retirent *qu'après avoir culbuté tout l'orchestre et cassé je ne sais combien de banquettes et d'instruments.* »

Eh bien ! en politique, c'est absolument la même chose : le peuple, le vrai peuple, se moque du solo comme de la

1. Faute d'un entraîneur.
2. Qui seraient tous demeurés si tranquilles sans la sortie de Berlioz.

Commune et de la République. Mais s'il se trouve un exalté, un seul, pour demander, par exemple, la réforme — le solo de violon, — le parterre, toujours le parterre ! qui était à cent mille lieues d'y songer une minute auparavant, entre immédiatement dans le quadrille, se met en fureur, exige le solo — je veux dire la réforme — qu'il obtient, après avoir tout brisé, avec la République, l'Empire, l'invasion, la ruine et le suffrage universel, par-dessus le marché.

Cette disposition, qui nous caractérise, de suivre si volontiers la meute des braillards, rendra toujours très-difficile, très-scabreux, l'exercice du suffrage tel que nous le possédons. Aussi, dès sa naissance, fut-il question de corriger ce qu'il pouvait présenter de trop défectueux. Deux camps se trouvèrent en présence : l'un ne voulant consentir à aucune modification ; l'autre, beaucoup plus sage, à mon sens, proposant de réviser l'œuvre trop rapidement improvisée de Février. Les premiers protestaient contre toute modification dans des pétitions qui encombraient les feuilles radicales de 1850.

« Citoyens représentants,

« Un projet de loi qui menace la République dans son essence, le droit dans ce qu'il a de plus sacré, l'ordre luimême dans une de ses conditions principales, est soumis à votre délibération.

« Son but avoué est de restreindre le nombre des électeurs

. . . .

« Auguste Favrel, Bayard, Billaudel, Courtaux-Diverneresse, Corbon, Crocé-Spinelli, Cuzon, David (d'Angers), Degousée, Desmarest, Dupont White, Forestier, Michel Goudchaux, Guillaumin, Hemerdinger, Hingray Jamyn, Jules Bastide, Landrin, Legendre, Marchais, Armand Marrast, Martin (de Strasbourg), Henri Martin, Monduit, Mussot, Pascal, Louis Per-

rée, Recurt, Jean Reynault, Élias Regnault, Picard-Duval
Vaulabelle, Walferdin, A. Gatine, H. Hardouin. »

Plus bas, dans les mêmes journaux, les promoteurs de
l'intelligente réforme de Février, fidèles à leurs principes,
ennemis de la réforme de Mai, signalaient « au peuple, » dans
les termes que voici, les noms des hommes qui avaient le
malheur de ne pas partager les opinions des citoyens Favrel,
Bayard, Cuzon :

« Il importe que la France connaisse les noms de ces dix-
sept membres du Comité de salut public royaliste qui gou-
vernent le pays depuis deux ans, et qui viennent de révéler
publiquement leur sinistre pouvoir, en proposant et la vio-
lation de la Constitution et la confiscation du suffrage universel. Voici leurs noms :

« MM. Benoist d'Azy, Berryer, Beugnot, de Broglie, Buffet,
P. de Chasseloup-Laubat, Daru, Léon Faucher, Jules de Las-
teyrie, Molé, Montalembert, de Montebello, Piscatory, le
général de Saint-Priest, Aurélien de Sèze, Thiers, Vatis-
ménil. »

. . . . . . , ...

. . . . - - . . . .

Entre les deux thèses et les deux listes, l'hésitation ne me
semble guère possible.

Le moyen, en effet, de demander à réfléchir lorsqu'on a
le choix entre du vieux fer ou de l'or pur, du Chambertin
ou du Suresnes, du strass ou des diamants ?

Je conclus donc, en appelant de tous mes vœux la révi-
sion du suffrage universel, mode de suffrage que je repousse
non parce qu'il me semble dangereux, mais surtout parce
que je le trouve bête.

Typographie Lahure, rue de Fleurus, 9, à Paris.

9 782011 768124